FUEGOS DE INSATISFACCIÓN

Brandon Roa

FUEGOS DE INSATISFACCIÓN

ÍNDICE

A nadie en especial

Ya no me satisfacen
las palabras,

me refugio en un
silencio,
el silencio de la

POESÍA

"Ahora soy la palabra que tropieza, que tiene fuerza, que divaga, que predica, que habla en nombre del hombre, que descubre los sufrimientos ajenos, que conoce las más hondas profundidades, que se revienta sobre las espumas de la saliva, que se agiganta en las desproporciones de la vida, que nada la puede detener, que se siente pueblo maltratado, hundido, pisoteado, la palabra con vahos de embriaguez, borracha de mí mismo; nací para filosofar y hallé el recurso, soy palabra, discurso, convulsión de frases, hilador de brillantes pensamientos, agitador de conciencias empozados en bares, bebedor de las angustias que tienen las caras babeantes sobre las mesas, letrado en la agonía del licor, y hablo en nombre de mis miserias, de mis cansancios, de mis encuentros, sin horizontes, sin tiempo, sin medida, soy eterno."

-Carmen Naranjo[1]

El clamor de estas páginas

Nosotras ocultamos y revelamos
el invisible linaje
de los mendigos,
de los vagabundos,
de los pobres,
de los enfermos y desesperados,
de los homosexuales,
de las putas,
de los sin patria,
de los renegados,
de los anormales,
de los proscritos,
de los anacoretas y angustiados,
de los bastardos,
… el de los Infames indomables.

A través de nosotras
se llega a un inicio del camino
de los rencores de Caín.

Somos una ventana abierta
a tu oculto y frío infierno.

Mira a través de nosotras
pues nos han violado la esperanza.

El territorio de la muerte

Ya no me satisfacen las palabras,
me refugio en un silencio,
en el silencio de la poesía.

De la poesía mía
que no se recita
porque no es para enamorados
ni para espectáculo:
teatro de títeres,
monos de circo
que en la Academia se revienta en lo risible.

Me refugio en la poesía
de un poeta que ya no está
enamorado de la muerte,
que no se obsesiona
con los mensajes del otro mundo;
donde no saben qué es poesía,
igual que en éste mundo de los imbéciles
para los cuales van estos (re)versos.

Escribo para los imbéciles,
para el hombre animal,
para la bestia de instintos salvajes.

Me refugio en la poesía
de un poeta que ya no viaja
a través de los profundos espejos.

Escojo el silencio del no-reflejo,
escojo la imagen antes de que llegue al espejo,
escojo la poesía muda
para gritar lejos como Rimbaud,
escojo la poesía manca
para dejar de cazar estrellas
del húmedo iris de otros.

Huyo del sonido,
del tiempo,
me acurruco en un pequeño
espacio de vital poesía,
café, tabaco y aliento.

¡Despierta!

Siente,
siente, ¡oh, cerebro que reposa!
y no te quedes en ese pozo de pensamiento
donde todo es obscuro,
donde el despechoes el infecto almíbar que bebes;
y te embriagas en lágrimas
por una beldad que sólo tus ojos ven,
una beldad inventada por la Razón
que le teme a la muerte…a la nada.
Pero ¿qué es verdad?...
sólo siente;
siente ya, igual da.

Se hace tarde
y no podrás beber
de la (m)hiel de los labios
donde habita la bella angustia
de esta desesperada libertad.

La poesía de los Infames

No pocas palabras de muerte
susurran entre nuestros dedos.

Blancos campos silvestres
retornan aves marchitas
de vuelo lúgubre.

Oscura puerta al pasado
abre caminos de muerte infernal
que queman el corazón
al ardor de la vasta pasión
del amor campestre,
de animales tétricos
y telones de acero.

Me siento en la butaca
a ver pasar la incolora vida
de la literatura de los tontos,
donde extraño soy;
todo mundo lo intuye
y raro me parece el mundo,
¿quién me parió?
¿qué da a luz a un poeta?

De humano vientre vengo
pero mi médula engendrada
en los pasillos de Hades parece
y su oscuridad regresa
a reclamar su casta;
herencia del mal que nos acongoja.

Mis genes cargan el terrible peso
del capricho narcisista
de los otros mundos mediocres
que no quiero complacer.

No quiero vivir
la inauténtica vida gris,
quiero quedarme quieto como el árbol seco,
quiero callar como la roca,
vivir en la nada,
en esta hermosa angustia de la muerte
donde habita la dura libertad.
Esperara que la inevitable ola del silencio
golpee mi solitaria ribera,
de pocas almas perdidas
que han puesto pie en mis costas,
las cuales han dejado huellas de fuego
remarcadas en mis ardientes arenas,
del dolor y sufrimiento que cargan
sus sandalias sangrientas,
dejando un camino
digno de seguir y caminar
hasta que la luz fina reviente mis pupilas tan humanas
y cree cataratas místicas
donde vea lo innombrable,
lo invisible, lo inhumano,
y haga sangrar los ojos de los dioses.

Apátrida

A Eunice Odio
"… palpitas dentro de mí."
Rima de Vallbona[2]

En éste *"destino implacable"*
en donde en tus manos indomables murió un ángel:
ahí mismo donde la escritora murió en los regazos de tu
poesía,
desnudo y *"pluránimo"* sigo buscando tu soledad
bajo estas penurias de desgarramiento.

Como un rayo de luz
llegaste a mí bajo tus elementos terrestres,
pues todo llega a su justo momento
y ahora puedo convertirme en la mariposa de tu cuento.

En tu cuerpo ya silente
me busco.

En tu sangre ¡Oh, Odio!
encuentro mi cuerpo adolorido
refugiándose en tus versos
para escapar del dolor
que atormenta el espíritu
de un joven poeta tan inquieto,
necio y rebelde
como tu juventud.

Y tú eres una de mis más grandes amadas
como quien ama un atardecer,
pero el perecer del sol no me importa,
me interesa el renacer de tus palabras, Eunice
que germinan en mi mente

con gran naturalidad.

Naturaleza que seguirá
peleando aún en el insensible destierro
por dar una voz en el silencio.
Y que mis lágrimas
se conviertan en el destello
de tu excelsa sonrisa.

Hoy vives en mí
al igual que en las demás mañanas
tus dos profundos océanos verdes en mí
... *"Así sea."*

Poeta en péndulo

¡Oh, débil gusano!
como en un péndulo
das vuelta en los siete círculos de la vida
entre los cuatro jinetes del apocalipsis.

Viviendo en el borde de lo limítrofe;
no sabes dónde empieza
y no sabes dónde dará fin
este infierno gris.

Buscando en el cielo;
buscando la respuesta
que ni un dios puede dar.

Buscando conocer el "cuándo"
no importa el "cómo";
ni siquiera el "dónde".

Temiendo a la traición,
te aferras al péndulo
para no caer en una despiadada escatología.

¡Oh, cetrino poeta!
tú en péndulo.
En el péndulo de la vida y el amor;
la muerte y el infierno.

Desplazado por la derecha y por la izquierda,

entre las diestras y las siniestras,
desplazado por Rizo de fuego.
¿A cuál caerás?

¡Oh, exánime hombre!
esperas ver el péndulo detenerse
¿Cómo?; lo ignoras
¿Cuándo?; quizá importa…

¡Oh, compungido poeta!
que te aferras al ritmo poético
de un péndulo.

¡Oh, cobarde hombre!
te aferras al frío;
al frío acero del péndulo.

¡Oh, débil canalla!
que no estás ni aquí ni allá;
viviendo sin vivir
en la monotonía de la constante frialdad
de un mundo vacío,
esperando el fuego redentor;
el fuego liberador de los observadores
incrédulos del decálogo
del lejano péndulo... (Silencio)
¡Resiste!

Un poeta

"Polvo será la piel y el hueso de mi lágrima..."
-Victoria Urbano[3]

Era hombre modesto
de galantes entrañas
que viajaba por oscuros valles
con pequeñas luciérnagas.

Hablaba y hablaba
mas nadie entendía,
entre la exclusión y el rechazo
extranjero o forastero
no entendía en qué diferían
estas palabras a las de ellos.

Nada lo satisfacía mas que leerla,
a ella en páginas la buscaba
y en su mundo la abandonaba,
dormía con sus líneas literarias a su lado,
lloraba el recuerdo de sus historias,
en cada libro su rostro miraba,
en uno y otro por sus ojos siempre pasaba.

Los evaluaba y devaluaba
en todos o muchos
lejos la encontraba,
pero la amaba a través
de sus sangrientas letras,

la recordaba en el polvo
de la oscura y vieja biblioteca.

La tocaba en cada hoja
la besaba en cada portada
y le abrazaba en sus duros lomos cada noche.

Siempre la vio,
la tocó,
la abrazó,
la besó y amó.

Más en ningún momento
la encontró donde otrora la encontraba;
como en el olor de una vieja almohada;
germinando así su odio hacia los libros.

El cuento del laberinto adolescente

Este tiempo inexistente ha pasado
y sigue pasando.
La gaviota muere al sol,
la muñeca se vuelve de trapo,
el parque se marchita en el olvido,
el niño se pierde en el autismo de sus fantasías,
el perro sigue lamiendo su piel enferma,
el gato deja su vestimenta en la ropa de la pareja,
los policías revolotean en el aire;
y como las ratas traen la peste...

Los vecinos siguen mirando
a través de la ventana de su propia infelicidad
a los jóvenes condenados a vivir su infierno.

Las pequeñas ramitas
son destruidas por la dulce mano del destino.
Dios ve con una sonrisa al joven condenándose a sí mismo;
mientras besa al olvido.
El caballero de la blanca luna ya no sabe cuál es su camino
a causa de que su luna en eclipse cayó.

Desapareció el pequeño sol que trae la vida.
Lo excitante no lo define, lo siente;
no lo ve con los ojos,
es incomprensible o inexplicable,
sólo siente, sólo siente... (Suspiro)

Un llanero solitario ha vuelto
sobre el páramo salvaje
de olas infectas de langostas,
pero el joven del laberinto de los condenados
sigue esperando la señal de un pequeño sol
para seguir en su delirio
de la casa de muñecas...
Muñecas, el plural es demasiado,
sólo existe una, si es que existió
y si no el pobre joven la creó,
creó su propia desventura...
... pero si la muñeca sigue escribiendo
el caballero seguirá andando...
... que Dios se apiade de las almas,
de sus mendigos de almas.

La muñeca de Pizarnik

Rosa negra, seca y solitaria
de tallo de arco de violín
te paseas por los caminos de memoria marchita
sembrando cizaña blanca,
muerte y destrucción roja.
Aún así te dejo caminar
por los jardines oscuros
colmados de recuerdos vacuos
y funestas ideas de melancolía fría.

Hace tanto tiempo
que nos sentábamos
en el parque rodeados del asqueroso niño nefasto,
del policía del gesto de amor
y de la vecindad maldiciente y destructiva.

Hace mucho que tus dulces manos
no destruyen los trozos de ramas
del árbol de los recuerdos malditos;
de castillos y laberintos,
fantásticos sueños
que nos hacen olvidar la realidad
construyendo eso que queremos
y que la patética vida no nos da.

Y llegó la muerte
y dividió nuestros caminos,
el mío; camino de angustia, dolor y agonía

y el tuyo; camino de soledad,
incomprensión y frustración
donde se vuelve patético para ambos
querer vida, querer felicidad
cuando nada de eso habrá,
sino tan sólo un oscuro y vacío silencio
donde nuestras almas gritarán
a través de una biblioteca de sensaciones
y de millones y millones
de palabras leídas en su única
ruta de evasión:
los libros que engendran alucinaciones
que hacen buscar las sendas
del sentir masoquista
de un recuerdo destructor.

Thánatos

Amapola
que te refugias en tu inconsciencia
para ti mi muerte es algo inexistente
donde no es dolor ni nada ausente
sino el albur
para tu burdel de fuego persistente.

¡Oh, rosa!
que te regocijas con mi dolor,
¡oh, sádica Flor!
te excitas con el olor de mi sangre
que sale a través del quebranto de mis llagas.

Libérame de estas deseosas cadenas
que me tienen atado al masoquismo
de vivir con dolor;
dolor de amar,
dolor de querer
una fría piel
con la cual compartir éste pozo infiel.

Y en mi mundo exterior
todo se vuelve un bello delirio
que acaba en un innombrable suicidio.
Amor de poeta: eterno duelo libidinal.

La guerra nunca acabó

A la espera de un crudo invierno
mis lágrimas me parecen sangre
pues derramo la vida en ellas,
y mis ojos me parecen dos heridas
de un abatido soldado que vuelve de la guerra
después de ver la muerte pasearse libremente
entre los frágiles cuerpos
que construyó una sociedad insensible.

Ahora la enfermedad y el hambre
me parecen dos de mis menores males,
después de tanta sangre derramada
sólo quedó un espectro con mi nombre
vagando en un mundo de cuerpos sin rostro,
entre sombras tristes
de inviernos desoladores.

Nada acabó ese viernes frío
cuando nuestras lágrimas
de separación de triste condenación
se confundían con la débil lluvia,
jamás volví a escuchar tu violín
ni la tiránica voz de la madre que engendró.

Tantos años después
sólo quedó el silencio de los cañones
y las flores que atraviesan
los cuerpos mutilados de los soldados
abandonados en batalla;

héroes sin nombre,
sangre en la tierra,
sangre en los ojos,
muerte en el alma,
mi cuerpo; sangre de unos tantos.

Ingenua esperanza

En una noche de copas rotas
con dos seres psíquicos
me embriago de soledad con la Francesa.

Me visto con la esperanza y desesperanza,
en donde me transporto a un mar de lágrimas;
las mismas lágrimas que derraman
los almendros que se desgarran la piel
doblegados en las cumbres de la melancolía.

Junto a las estrellas
de esa noche de miedo;
pongo todos mis anhelos
en un sueño;
un sueño que lleva inscrito un nombre oculto…

Tu nombre inscrito en mí;
en mi alma, en mi corazón
como una letra escarlata
que arde desde los fuegos
infernales de la tierra.

Pero la razón me dicta
que lo deje para otra ocasión
donde la llama de la luz de la vela
sea la que ilumine a las estrellas
de esta noche que no es pasajera
sino una cruel odisea…

Con la paciencia de la esperanza
espero disfrutar bajo el delicioso
aroma de tu fragancia.

Porque se nos acabarán las estrellas
antes de que se nos acabe este ardor,
y se sentirá absurda la vida
como ahora es el amor:
un cuerpo sin latido.

La vida ha muerto

Nos encontramos
en un obscuro y profundo vacío humano
y en un silencio ensordecedor
que desgarra mis entrañas,
ahí donde estamos
aún no logramos encontrarnos.

Porque Dios creó al hombre
para ver un reflejo de sí mismo que sufra,
un ser opuesto a él,
el hombre: un dios que sangra.
Pero, ¿Dios alimentará nuestros deseos?

Seres de vaivén y columpio
es todo lo que veo pasar
por un rollo de imágenes
que proyecta mi vida.

Miro por una ventana indiscreta
cómo la luna se dispone
a reflejar nuestro rostro lleno de sangre,
y cómo en la noche
se nos escapa la vida
cada día un poco más
y sólo los sueños cobijan nuestros lechos.

Un pequeño poeta
en una esquina olvidada
reflexiona sobre lo que nadie quiere ver;
lo esencial de la vida,

pues los otros
como simples pasajerosde un oscuro túnel
han sido guiados por
un insensible conocimiento.

La Razón:
ésa embustera por la cual
hemos devenido muertos
y nuestras vidas,
una moneda sin caras
lanzada al aire...

Soy

"Ahora callamos y el silencio se incendia
en frases que arden sobre un paisaje
en que el viento manosea los ecos"
-Carmen Naranjo[4]

Y seré como el indígena
con su piel terracota
rociada por los ríos
que recorren sus venas:
aguas cristalinas y puras.

Seré como el indígena:
pequeña semilla en fértil tierra
para germinar en versos oscuros,
poemas de luz.

Soy como el indígena
que en su silencio
sigue cuidando las tierras
robadas de las raíces de sus recuerdos.

Soy como la indígena violada
que amamanta pueblos
con la dulce y fresca leche
del amargo recuerdo
de la violencia de los hombres
que cargan en sus brazos
los gordos infantes de los vicios.

Soy el indígena

con la punta de su lanza
llena del veneno de estos versos
para defender con tempestades
que trae este ignominioso recuerdo del cuerpo fértil
que nos han violentado.
¡En el nombre del Señor!
ese extranjero-conquistador cara-pálida,
ese filibustero,
ese político, ese economista
frío sin recuerdos;
porque unas manos tan limpias
ocultan algo muy sucio
que la poesía dislumbra.

Dormitando en una noche de verano

"acumular deseos en plantas ingratas"
-Pizarnik[5]

No en una comedia risueña
sino en una tragedia fatalista
se encuentra un escritor sentado en el campo,
escribiendo de un arcángel que cayó de la montaña,
su corazón se desangra.
Pretende ser fuerte como brazas de fuego
y entender tu capricho.

Le llamas,
y le haces creer que pudo haberse sostenido de ti,
pero te buscó y no te encontró,
te necesitó y no halló sustento.

Le rechazas;
le desprecias.

Miró por las ventanas del alma
y te vio, con sábanas limpias que él lavó
durmiendo con otro…

Con palabras lindas le apartas
para tener tiempo, espacio y tranquilidad.

¿Dices la verdad?
Quiere creer y lo cree
¿Mientes?
No lo sabe,
pero lo sentirá arder
como hondas de fuego en el cuerpo,
duda de la inocencia blanca que finges

en tus ojos en llamas,
y pide clemencia
por su corazón en decadencia,
lo dejas hecho pedazos,
y lo conservas comiendo de tu mano,
como los perros que marchan detrás del aroma
de la carne fresca.

Apuñálale y termina ya con su dolor
aunque la espina que no ves
esté ya clavada en tu ojo.

Eureka

"La labor, pues, de sensibilizar es ardua."
-Eunice Odio[6]

Esos insensibles
dicen que la vida está regida
por principios que dan como producto nuestras acciones.

Dicen que nada queda en la casualidad
si no pasa por la causalidad
de un plano cartesiano
donde las acciones cumplen
las reacciones proporcionales
a las teorías que destruyen
la utopía de una vida aleatoria.

Esa fuerza que nos mueve
por la energía de una relatividad
teórica aplicada,
ha opacado nuestra humanidad
despojándonos de la subjetividad
que asecha el basurero de la ciencia.

Intentan marcar el movimiento
rectilíneo uniformemente
acelerado del corazón
de un hombre con la pasión
por despertar de un mundo

donde aún todos duermen
en el oscurantismo
de una ignorancia racionalmente heredada.

Y aún así somos
medidos, pesados y evaluados
por las dimensiones teóricas
del movimiento parabólico
de la sombra de una sociedad cuántica,
sin mundos paralelos
donde escapar;
donde astros engendran la vida
de una teoría descabellada
donde la nada de un hoyo negro
es proporcional
a la inmensidad de nuestros vacíos corazones.

En algún lugar

En el punto ciego del ojo
se esconden la cordura,
la razón y el amor.

Tú en una silla vacía estás
y la sombra que proyecta la silla
por las ráfagas de luz de una mala moral
crea tu personalidad:
un alter-ego
que crees es tu verdadera identidad.

Caminas por las calles pensando
en lo que imaginas ser al vender tu cuerpo,
te despreocupas por la silla vacía
que encierra la esencia
de nuestro auténtico ser.

Silla vacía
queda olvidada en la esquina
de un mundo de locura,
divagación e irracionalidad;
marcada por una cruel sociedad
que nos ha castrado de la esencia
de nuestro verdadero ser;
que quedó sumergida en la batalla
de las conciencias freudianas,
zozobrantes en la oscura
habitación donde sujetos

movidos por algo de locura,
nostalgia y melancolía
frecuentan las frías habitaciones
de la muerte.

Caballero de la oscura efigie

Maldita mi estampa,
el ángel que reviste de oscuridad
me alcanza ya,
y con su afilada hoz
viene cortando los cordones de plata.

Mi cuerpo paralizado está
en estas noches en vela,
mi alma revolotea dentro de mí más viva que nunca
para huir de los temibles lazos de las sombras.

La eternidad me abre sus puertas,
llueve sangre,
la luna ha enrojecido su faz.
Cuando me asomo por las ventanas,
el llamado de la quinta sinfonía comienza ya…

¿Creador o acusador?,
¿En manos de quien he quedado ya?...

las puertas de Hades se abren
solo un camino me quedapor recorrer…

¿Qué sombra estará respirando mi vida por mí?
Estoy cayendo lentamente
a un vacío de serenidad,
un último camino,
un último destino,
un último recorrido
un último paso a dar,

¿te encontraré ahí…?
No importa, pues quiero despertar del sueño
de una caverna platónica,
aunque tus fieles artilugios digan lo contrario.

Mis flores del mal se emancipan ya
porque respirar no es religiosamente vivir…

Vivir es volar en la angustia de la libertad,
del hambre, de la enfermedad y el dolor,
libertad provista de oscuridad
para así encontrar la luz y crear mi propia melodía
en un cosmos agónico.

Vanidad de vanidades

Caemos cada vez más
en el vicio que nos consume,
nos poseen la materia,
las modas y alimentos,
nos desnudan y envenenan.

Nos torturamos por amor,
nos arrancamos la piel por una caricia,
nos sacamos los ojos con un picahielo
para ver la realidad lobotomizada
de una felicidad industrial.

Maldita condena
soportan los miserables
que vagan por el mundo
solos e incomprendidos
vendiendo su cuerpo por un pedazo de pan.

La desesperación
nos invade,
entra en las venas hasta el corazón
llenándolo hasta hacerlo explotar en melancolía,
agonía y nostalgia sufriente.

Nos pesa tanto la vida,
yo me siento apaleado y perdido,
hasta por mi propia poesía.
La palabra podría ser un pequeño consuelo,
quizá el único hilo que nos ata
a esta vida fatalista,

esta vida trágica.
¿Cómo ser humano y sentirse orgulloso?
cuando matamos para no morir,
violamos para satisfacer nuestros deseos,
mentimos para buscar la sinceridad
en el amor.

Buscamos compañía,
cariño y amor
para llenar el vacío narcisista
de nuestra propia hipocresía,
de la mediocridad de la sociedad impostora.

¡Qué asco nos debería dar! Seguir la decadencia
en la que ha caído la humanidad,
tanta mediocridad intelectual,
literaria, afectiva y humana.
¡qué hipocresía!
ésta es la vergüenza del hombre,
nuestros jinetes del apocalipsis.

Andante

I

Andante ¿cuánto has caminado?
¿cuántas veces has *PASADO*
por esas calles sucias
donde la podredumbre de la sociedad
sale a recibirte?

No… no eres musa de nadie
sólo esclava de la soledad,
y de los instintos
fatigados por la desesperación
que han buscado descanso
en sábanas podridas.

Te sentías vacía y triste
y te arrojaste para sentirte aún peor,
reconocer que el dolor es una fuerte adicción.

Las palabras que leí
en tu muro de lamentos
son palabras que desgarran
algo profundo en mí.

Tus cuentos "literarios" existen,
los veo claramente,
con inconscientes actos
los susurras constantemente.

Ese espectro de otrora
que carcome el presente como la herrumbre.

Los poemas son el recuerdo:
Lugar de deseo para pensar lo nuevo…
un nuevo olvido de mi vana imagen
y el silencio de mis cansancios.

Yo ya no deseo la verdad,
tampoco la razón,
quiero ganar un presente sin pasado
que lama el diablo
babeante de azufre.

II
Tus historias amarraron
nuestros nervios
en un delgado hilo,
el viejo cuento es el peso
que reventó la esperanza;
cuento literario
que interpretaste con tu carne desolada sin sueños
llevada por la depresión.

Ahora sólo veo esos ojos
de conmiseración que brillan
culpa en intento de redención.

Me quedo triste viendo
esos pájaros de alas rotas
que te llevaron a la Sabana rociada de vómito.

III

Todos los cuentos son reales
son la interpretación de una realidad distante
en su anchura o altura.

No me conviene ver
la desgracia ciega, a ti tampoco
por eso no la vemos,
la maldición es ver lo que no se desea;
los actos que develan realidad.

IV

Esas palabras que supuran
en tus labios
son sólo palabras;
ondas que vibran en el aire
sin ningún sentido,
en cada esquina de tu presente
veo tu pasado riendo en mi cara
y desdeñando mis vagones de tiempo.

Eres andante
de sandalias llenas de polvo presente
que dejó y borró las sonrisas,
eligiendo otro camino
Nos destruimos mutuamente
en el prostíbulo del recuerdo;
siempre es bueno morir a ratos.

Entre sombras y soledad

Para los enfermados psiquiátricos

Donde cierras la boca y abres tu espíritu
la verdadera humanidad se expande.

Como oscuras sombras de tenue luz
se mueven,
como fantasmas errantes
por los pasillos fríos y vacuos
enjaulados en la supuesta anormalidad
de una sociedad desigual.

Como palomas entre migajas
se amontonan buscando
un poco de humanidad.

Deprimente es su aire
dicen algunos,
mas yo, como en casa estoy,
no encuentro la diferencia
entre la supuesta locura y
mi matutina tortura.

Ellos buscan oídos que les oigan,
bocas que les hablen,
cuerpos que les amen,
como cualquier humano
busca y necesita,

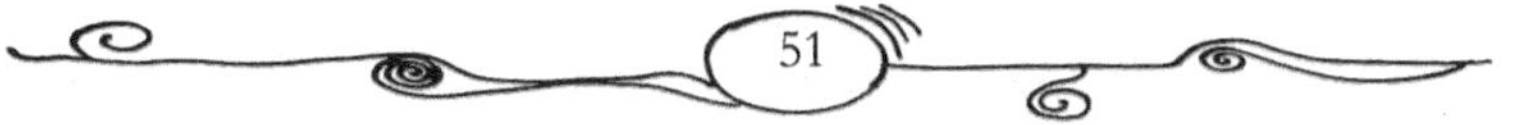

nosotros a ellos se los denegamos,
tiranos de la falsa razón.

Pero ellos entre felinos misteriosos,
encuentran a sus fieles compañeros,
que como guardianes
y espíritus amigos
velan por sus semejantes
entre sombras y soledad.

Infantes en el juego del amor

A.V.D

Con esa ternura implacable,
con ese ciego miedo
que me ata a tus lágrimas ennegrecidas,
con esa voluntad inefable
que soporta mis oscuros demonios,
que como bestias infernales
se revuelcan en el desecho de los dioses:
tu erótica e indestructible piel-adolescente
me sostiene en la vida.

Se me bloquea la desesperación
al sólo pensarte,
se me comprime el pecho
al imaginarte,
te abrazo
en cada despiadado insomnio
te busco debajo de mis sábanas
y solo encuentro mi cadáver
pudriéndose en anhelos rotos
de pueriles fantasías
y deseos narcisistas.

Mis ojos llenos de espanto te desean
con toda su piel,
mi cuerpo te ama con todo su espíritu
y mi alma vacía se eriza
al sentir tus ráfagas de vida
que como manantiales celestiales
acarician mi cuello desnudo.

Brandon Roa

Sin ti duro caparazón
se rompen mis tejidos,
contigo al igual
como el más vulnerable de los insectos
mi existencia peligra
pues no eres de este mundo,
habitas conmigo otros multi-versos
de ilusiones trans-literarias.

Te pienso
en cada gota de tinta
de sangre, de sal,
y escucho maullar el gato
que como un heraldo oscuro
se presenta
pidiéndome que en cada frío aire
reviva cada instante a tu lado.

Y mi necedad
que abofetea con cariño tu perfección
pide que me sigas
por los pastizales
donde los inocentes perros
cruzan las mallas
pues no temen a la materia,
no conocen límites
así como mis deseos
no conocen fronteras para amar.

Pero te estreso y desespero
altero y trastorno
y tus ojos rompen en llanto,
tu pecho se agita y grita
y el mío se rompe en pedazos inertes,
pues la culpabilidad
me da una estocada al orgullo
y lo crucifica,
tú te levantas
y me sigues cuidando
pues como niño perdido

no conozco mi camino.

Vivo sin temor,
la muerte para mí no existe
pero si tu cuerpo está presente
mas tus suspiros de vida estén ausentes,
yo me iré contigo
y te construiré un castillo
en cada esquina del universo
para esperar con
la arquitectura de las sinceridades
a que algún día despiertes
y regreses a casa conmigo,
entonces yo te cuidaré
y serás como una niña
que no conoce su camino,
y ya no abrá temor,
ya no te perderé
ambos estaremos extraviados
y yo seré: Él.

Tamborilero

Suena y resuena un tambor de falsa guerra,
ese que yace en tu deseo,
que golpea y golpea,
llamándote,
hiriéndote,
mostrándote dónde atacar,
qué buscar,
dónde arrastrarte…

No lo sigas,
no lo escuches,
es sólo la ilusión paranoica
de una trágica insinuación,
mira más allá,
y ve al tamborilero,
él sí es real tu vida marcará
y tus anhelos verán la verdad de su voz;
el epicentro de la violencia.

El ángel pedestre

Ángeles pedestres
se alojan en el recóndito
calabozo obscuro de mi inconsciente.

Encuentro partes de ti
fragmentadas en la otredad
de decenas de cuerpos femeninos despedazados,
que nunca llenan
la oquedad que ha dejado
tu complejidad
que proveía el lazo de nuestras vidas.

Todas las mujeres
son tan sólo una
que quedó en el silencio
de lo innombrable.

¿Dónde quedó tu mirada?
esa mirada que alcanzaba mi plenitud,
y que era incomprensible,
¿a quién mirará?...

Me quedé en la imposibilidad
de crear espacios vacíos.

Y se construyen
delirios de tu cuerpo
devaluando mi realidad .

El silencio es celestial

en mis palabras
que no se entienden,
mis palabras,
las que no quieren ser comprendidas
a pesar de que todos
tengamos los mismos órganos palpitantes.

Éstas siguen siendo
las palabras inhumanas
de un humano fuera de este mundo
de humanidad,
esas palabras
que le dan sonido al silencio
y fin a lo infinito.

Mientras tanto yo
sólo seguiré siendo
el ángel pedestre
de un mundo maldito.

Hijos del rapto

Primero la muerte,
luego se trabaja para volver a morir,
como en la historia de una gran araña
que atrapa a una pequeña hormiga
en su casa del rapto.

Mientras mis dedos
se rompen en la desesperación
de escribir con peso de plomo
para visibilizar mis cadenas,
la araña sigue enrollando a su víctima,
igual que ella, mi yo se va perdiendo
en la gran telaraña social
y sus requisitos del rapto,

porque la sociedad es carnívora
y devora como una araña,
sofocándonos poco a poco
hace de nuestra muerte un espectáculo
para luego hacernos parte
de las criptas de cadáveres profesionales
fríos, tiesos e inertes que se creen vivos,
como hormigas muertas
en territorios de araña,
es la vida de los que tienen titulo
de siervos menguados.

Escribiendo

"Escribiendo hasta que cae la noche
con un estruendo de los mil demonios.
Los demonios que han de llevarme al infierno,
pero escribiendo."
-Roberto Bolaño[7]

En la agonía de este absurdo,
estoy sentado charlando con la Francesa,
con una copa de vino sin vino,
con una melancolía punzo-cortante,
fría e intrépida.

Matando la madrugada
con la marca de un constante vacío oculto,
ya insípido pero penetrante,
golpeando miedos,
inseguridades infundadas,
lamentos neuróticos,
blasfemias divinas,
buscando ser oído por el más allá
y huir de acá.

Melodías de nostalgia
caminando de la mano
de canciones de miseria,
desasosiego, dolor, recuerdos inertes en valor
pero fulminantes en afecto;
directo a la niña de los ojos
como dardos de historia
impactando la mente cansada

que vomita sobre el papel,
ensuciando la poesía indigente
que se tira a la calle
en esas noches de trabajo sin descanso.

Caballero de la triste figura

"El hombre tiene que aprender a vivir
con el corazón lleno de anhelos e ideales.
Yo les enseñaré a llenar el corazón
con lo más hermoso y puro: la poesía."
–Rima de Vallbona[8]

¡Oh, caballero de la triste figura!
perdido en un ensueño,
aventurado en busca de la razón
que no quieres encontrar,
por viajes literarios has perdido la cordura.

Cabalgas en un rocín en un viaje sin fin
acompañado de tu fiel escudero: la ingenuidad homosexual.

Luchas y peleas por la justicia
encomendándote a tu amada Dulcinea que te desconoce.
En tus armas oxidadas
está la historia de los pasajes por los campos
luchando contra los gigantes de Eolo…

¡Oh, caballero de la triste figura!
que disputas por ideales,
con alucinaciones descabelladas y gloriosas,
emprendes un viaje para encontrar fama
con tu cuerpo traicionado por el ideal
de tus santos libros.

Fantásticos viajes por castillos,
ventas donde encuentras princesas

te armas caballero excluido
de ideales invisibles para los ciegos
y continuas por el buen camino vagabundo y salvaje de los
discriminados
donde la humildad te hace amigo de un cabrero y un niño…

¿Cuando la razón de fin a tus aventuras,
morirán contigo tus ideales?,
¿Cuando los ojos de la supuesta cordura se abran
morirán tus valores?
¿Cuando dejes las armas,
moriremos todos?

Aunque dejes todo,
el mundo necesitará de tus ideales,
los que llaman trágicas ideas irracionales
que más bien son las verdaderas necesidades
que claman nuestros mudos deseos invisibilizados.

Sin tiempo

No soporto el intolerable rugido del reloj,
la aguja incesante,
oír cómo las horas se esfuman en la soledad,
horas que no alcanzan para escribir
todo lo que hay que decir,
todo lo que hay que gritar, gemir y resistir.

Las horas se llevan la templanza
y danzan fuegos de insatisfacción
haciendo florecer incomodidades,
lirios de agua ardiente,
de férvida sangre
fluyendo en el lúgubre
fulgor del desierto adentro,
en el alma opaca de historia,
en noches sangrientas
de la cacería de brujas,
en luces de sombra,
llanto de amor
confabulándose en tu devoción
en versos de la realidad que te daña,
en la heridas de las realidades psicóticas
de un mundo trágico en calamidades.

Silencio

Estaba acostumbrado al silencio
un silencio silencioso,
un silencio silente, oculto,
misterioso,
un silencio invisible,
un silencio amigo,
un silencio devastador.

Todo era silencio
mis deseos, mi casa, mi voz.
Un silencio absoluto
que fue muriendo
como todo lo que se ama en la vida,
todo lo que se pierde, hasta el silencio.

Mi casa era una caja misteriosa de silencio,
como un cementerio de libros,
un silencio abrazador,
luego llegó el televisor:
un ruido avasallador;
lo tiré por la ventana.
Luego llegó la refrigeradora
no se callaba,
no sé para qué la quería
¿para congelar la carne?
dejé de comer carne.

Mi casa era ajena;

me la robó la bulla
hasta que en el fondo
un espejo empezó a reflejar
y me di cuenta que en mi casa
no había silencio,
era yo el silencio difamado y profanado,
un silencio calumniado y torturado.

La noche es joven

"Estoy solo. No me importa
terminar o no mi poema. Espero la lluvia,
tomando café y mirando por la ventana un bello paisaje…"
-Roberto Bolaño[9]

Como un árbol en otoño
me despojo de las hojas secas.
En una noche sediento de ti,
el silencio absorbe las raíces
y las transforma en dulces parajes
de tinta, palabra y papel,
narrando la historia
de un mundo donde se detalla
la belleza de la naturaleza
en un barrio desolado.

En una clara noche,
donde el viento resopla el recuerdo,
haciéndome viajar por tus memorias
donde yo escribí mis historias,
microrrelatos de éxtasis y delirio…

En esta noche joven,
a pesar del surrealista sonido
de las voces del silencio,
me siento al lado de tu ausencia
para escuchar la naturaleza hablar
con su fuerza y delicadeza,

me hace sentir vivo,
con ánimo de buscar mis caminos,
entre las cuales figura cultivar mi propio mundo,
mi propia tierra, mi propia flora,
mi propio amor,
para vivir labrando
la belleza que admiran mis ojos,
que son tus dulces melodías
que descubro en tu invisible compañía
y me separo momentáneamente
de estos fuegos de insatisfacción.

Poetas patéticos

Anonimato era nuestro nombre,
sólo nos inspiraba la vida;
su realidad,
la soledad; su sinceridad,
los cigarrillos; su fugacidad
y muchas veces el dolor;
su orfandad.

Y mientras mi subconsciente
sobre la cama de sábanas raídas
escribía páginas y páginas de
larga e histórica prosa
que sólo eran un sueño y que acaban
en pobres y cortos versos patéticos;
recovecos de novelas que se fundieron y acabaron
siendo aire del continente oscuro,
él era un escritor de verdad
que leía bajo la ducha.

Ahora veo sus ojos
que se esconden en una cortina de timidez
y desaparecen en el infinito…

Éramos como un par de viejos
balanceándonos en las mecedoras
donde llorábamos los inviernos de antaño.

Acertijo

Inconscientes e incoherentes obsesiones
ejercen su feroz coerción en el interior
en donde caigo en su capricho
actuando al son
del canibalismo que me hace
devorar mi propio cuerpo.

Oprimido por mi batalla de los hunos
donde cada guerra lleva tu nombre,
pues te fuiste y te llevaste mi equilibrio natural.

Obsesivas demencias me hacen ver lo inimaginable,
y encuentro respuesta a acertijos indescifrables,
rompecabezas de la vida
donde produzco mis propios laberintos lúgubres
de confusión mental
juego con los demás,
con sus mentes
como con dados viciados
siempre para perder,
mas no me hace feliz
como cuando estuve cerca de ti…

Despertaste una zona muerta
cuando cruzaste la puerta
sin volver a ver atrás,
sentí que los jarrones de mi casa se rompían,
y todos los cuadros de mi habitación se quebraron,

todo un caos en la zona gris,
donde me perturban los que habitan en mí:
el civilizado y el primitivo que luchan
por obtener el control en mí,
creando una tensión de obsesiones
donde le doy brillo a la suciedad
y trunco el brillo que mis manos pulen.

Produzco y reproduzco letras
que no llegan a ninguna parte
mas para los demás son un arte,
donde dejo de lado la relativa razón,
y le doy gusto a mis perversos fantasmas.

Donde me convierto en el amo y señor de la manipulación,
manipulando el mundo
para crear un motivo de existir,
de seguir, de luchar,
porque sin ti
me es imposible vivir
en un mundo tan atestado de conceptos normal.

Mi pueblo

Mi dolor son las tristezas,
las lágrimas y el sufrir de los míos.

Mis ojos se empañan
con la sal humeante de los cristalinos
ojos de mis pocos amigos
ya inexistentes.

Lloro sus pérdidas
arranco mis yos para sentir sus ellos,
veo tristeza florecer
en el roble frondoso de sus rostros
y quiero taladrar lo ajeno,
destruir lo que no me pertenece,
quiero reír sus alegrías
porque sus vidas son parte de mi poesía;
ellos son mi poesía.

Mis malos poemas son el fracaso
de un intento de consuelo
a esos que gritan hacia adentro con espanto,
el espanto del descontento.

Vacuidad

Este vacío nombra,
pero ya nada espera, nada calma,
consume y desgasta
y atormenta las aguas obscuras del inconsciente
en cada noche.

Llamas de fuego
encienden los ojos,
y carbón se desliza por las mejillas
besando la congoja de los labios.

Trágicas noches de lluvia prevalecen
y viajan por las noches frías,
entre las luces psicodélicas.

Entre el humo de un cigarrillo
enveneno mis sentidos,
buscando el frenesí
que erice mi piel hasta el amanecer.

Mas nada satisface mi sed,
esa sed que llenaba
con el alucinante aroma del café-canela
que aturdía mis sentidos a la deriva
y reconocía tu inmortalidad.

Paranoicos sentimientos me invaden.
Quiero verte sepultada en esta
tumba pudriéndote junto a mí.

Egoísta me ha vuelto el universo
que me despojó de toda plenitud,
y por esto pongo en manifiesto
mi descontento de excéntrico
desnudado de la plenitud
que me dejaron los labios agrietados
que nunca sentí.

Sociedad trivial

Quiero gritar
pero mis labios rotos están,
todo está roto
como mi voz;
rota como la esperanza
de un soldado con balas en el pecho,
como la de un pecador
que se encuentra a Dios.

La voz está rota,
se cae en pedazos de palabras
sin estética ni arte.

Todo queda roto
como los gestos de un poeta
muerto de hambre
entre un estomago de deseos
que no toman descanso.

La caída del alma

Me he tirado
recordando como el único abrazo
era el del frío suelo
que aún sucio no me negaba sus brazos.

Me he tirado
para escuchar las lágrimas caer.

Me he tirado
para escuchar la voz del hambriento niño
que pide dinero en mis entrañas.

Me he tirado
para que mi vieja ropa
se tiña con el color de mi tierra.

Me he tirado al suelo
para no sentirme grande,
para compartir el suelo con los pequeños.

Me he tirado
al sucio suelo para ver
las pequeñas cosillas que todos
dejan caer de sus lindos bolsillos.

Me he tirado al suelo
para perder mi orgullo
y ver si me encuentro
el alma del poeta

que perdió la sincera poesía
en la gaveta de un esteta.

Hijo del hastío

Ahora lucho contra mi propia familia
para luchar por mi verdadera sangre
y encontrar las alas
del pájaro herido.

Sacrifico mi techo y alimento
por las memorias de los que han partido
siendo apátridas,
odiados por ignorancias de la sangre latina
la cual también se equivoca;
da pasos falsos pero camina.
como los torpes y bellos pasos de la pequeña niña débil
que caminará por infinitos espacios.
Lucho por mí,
por los que han luchado y partido
y me han dejado una escuela
que pocos han conocido;
la universidad desconocida del detective salvaje.

Ya no me escondo
entre paredes ni puertas,
ahora mi salida
es la fe en la vida,
embelesar la herida
y volar lejos del nido.

Erigir la osadía
de la mirada insolente
que ha caminado tanta vida.

La apariencia no importa
cuando las palabras cortan
y el silencio despierta
a la realidad real.

Por eso yo amo
a la mujer escandalosa,
esa que habla las duras verdades que duelen.

Amo la tierra,
tierra que canta
con mirada atrevida e insolente,
tierra que se levanta
para esperar los peores días.

Los instintos primitivos de la calle

El poeta bastardo camina
con su melancolía al hombro,
su soledad a rastras
y sus zapatos rotos bajo la lluvia
avanzan sobre el agua
de un antiguo pueblo.

Un camión se detiene,
dos amigos de antaño
de su infancia de juegos apocalípticos
saludan al poeta
mientras suben a una puta
para prepararse para su menagé a trois.
Le dan al poeta
una cerveza para los nervios y un chicle para el aliento
y el viejo amigo que viaja
al lado del conductor
le dice al poeta:
-"Aquí no nos olvidamos de nadie,
aquí somos el pueblo."

Y el camión, la puta
y sus amigos se pierden
en el horizonte
directo a los pasos vagabundos del renegado.

La palabra

"La soledad no se rompe con la compañía,
se rompe con la palabra"
-Yolanda Oreamuno[10]

Inconsolable es el llanto
de aquel que desaprovechó su amor,
¿qué espacio llenar del delirio
si ahí donde quedó el dolor estabas tú?

¿Qué es la vida?,
¿qué es el vivir?,
¿acaso es enfrentar la desafortunada
consecuencia de incurrir en el error
de proferir palabras de Hades?

Vivir la cuita.

La palabra condena
a vivir la libertad del dolor…

La palabra, ¡oh, palabra cruel!
que no dejaste piedra sobre piedra
en el amor.

Las palabras condenan,
mis palabras te condenan,
mis palabras me condenaron,
mis palabras nos condenaron
a vivir tras
la señal del patíbulo,

que queda antes de
la ruptura del desborde del naufragio,
del argos de la vida
que zozobra mis palabras
como lágrimas en tu boca.

Pero lloraré mi soledad en otro lado
donde las lágrimas no infecten la herida
que quedó al desmembrarnos.

En tus brazos vuelo
con el anhelo de morir eternamente
con el sol naciente,
porque la palabra no crea objetos,
crea grietas en cadenas que no comprendemos,
y hay que ser seres inexplicables para despegar.

Una muerte en Birri

"… porque la muerte casi nunca se equivoca.
Escoge a los dispuestos, a los preparados, a los condenados"
-Yolanda Oreamuno[11]

I

Siento cómo el cuerpo se apaga,
muero por dentro
muy lentamente
y aún no sé hablar.

Mi cuerpo se apaga de angustia
y me revienta la boca contra el suelo,
me deja marcas por toda la piel.
Mi boca sangrante
pide ayuda con palabras inaudibles,
cada vez más cerca
me convierto en silencio.

II

Las personas a mi lado
se preocupan lejanamente por mí,
aunque no saben
que yo hace mucho tiempo
camino entre los muertos
de una Comala de colibrís
y de yigüirros.

Llevo años muerto,

el poeta desgarrado
fue asesinado por su propia voz.
No hay que preocuparse más
por ese tonto muerto,
hay que atender a ese idiota
que aún no ha aceptado su muerte.

III

He dejado de comprender
para qué escribir tantas palabras
y arruinar el poético blanco
vacío del papel.
Quizá el propio silencio
de la muerte me obliga,
pues no estoy acostumbrado a la nada,
ni a descansar en paz.

Escucho tan lejos las voces,
siento tan lejos las caricias,
pienso tan lejos las cicatrices,
creo tan cerca la muerte.

Moriré…
¿pero por qué mi cuerpo
no deja de pensar la vida,
cuando mi existencia siente el azote
de esta muerte tan presente
tan llena de vida,
tan llena de cicatrices?

Aves de rapiña

"Aquí vivimos con una mano en la garganta"
-Pizarnik[12]

¿Qué es Birri?
una nada en medio de la lejana nada,
una Luvina del páramo,
el cuento de un hombre enfermo,
un pueblo fantasma
lleno de vida invisible.
Lleno de foráneas chicas universitarias
de bonitos uniformes,
de caras limpias como la biopólitica,
Educadas en un mirar con asco
socialmente infundado.

Es un pueblo maldito
que reluce humanidad,
un pueblo de machos, de hembras,
un pueblo marginado
donde sólo sobreviven seres manchados.
Una tierra de titanes desposeídos,
de hombres rudos
y mujeres que pelean en la calle..

Es un pueblo
donde habitan los excluidos,
es el pueblo de los pobres,
de los rechazados,
del extranjero de piel oscura,
de los enfermos,

de los borrachos y drogadictos;
de los que pelean por la vida rompiéndose los nudillos.

Es un pueblo donde la mejor escuela
es la calle,
esa oscura vida pavimentada.

.

Ez el puevlo
dé loz que nho zabemos ezcribyr,
que rompemos murallas,
hacemos nuestra la cultura y la historia.

Yo soy de donde no se viene,
donde los pájaros nunca terminan de emigrar,
de donde no se comprende
la BLANCA virginidad de las tazas.

Es el pueblo donde
reciben con brazos abiertos
al poeta patético desgarrado
arrojado a la vida
de un mundo que lo devora.

Birri es un pueblo que no existe,
Birri es una no-realidad
es una posibilidad
que brilla en el fango.

Birri es el pueblo
del poeta auto-exiliado,
ese que la sociedad moderna ha rechazado.

Es el pueblo de las aves de rapiña,
un pueblo que a patadas camina.

Con espíritu áspero

"(lo único que reprime con mano de hierro es la solemnidad,
siempre aburrida, pútrida, soez,
originada en la decrepitud y la sífilis mental galopante."
-Eunice Odio[13]

I

Yo los desafiaba con mi silencio,
quería desplomarme
sobre sus hombros
y romperme en ellos como una fuente.

En un barco congelado
en medio de la gran salada mar,
una lágrima silenciosa
baja por mi mejilla,
sólo percibo su picor en mis poros,
donde el fondo del espíritu es delirio
y yo seré la gota que partirá la roca.

II

Hay en la academia castradora de la sensibilidad
un claustro desfragmentando
el espíritu del cuerpo,
marcando brechas
entre razón y sensibilidad,
no dejando espacio para el dolor
ni para leernos.

En ella la contemplación humillada se escapa de los ojos,
huye a través de las ventanas
oscurecidas por el polvo
de los recintos de una locación
vacía, confusa, fría, perdida
y pútrida en teorías.

Danza entre la brisa
que se desenvuelve en las hojas verdes
de tallos de café y raíces de memoria
que se expanden por el cuerpo
que no se desintegra en el barro.

En ella la mirada sobrepasa alto
los techos rojos cercanos,
se mecaniza la silla dura.

Me trae de vuelta con violencia desconsoladora
y la vacuidad de sus paredes blancas
me hace perderme en los caminos
de la razón y la sensación.
Ahí el poeta cae en cuenta
de que las tesis de esa vida
no son más que un simposio
malogrado del vacío,
donde el corazón invisible
busca las riendas en el suicidio.

Ardiente insatisfacción

Me pesa tanto este cuerpo,
esta carne nefasta,
en medio de tantos campos de silencio
a mis sueños les falta el aire.

La felicidad no pisa mis pasos
y yo no busco los suyos
en la arena desierta.

Se es poeta
y no se es nada,
se escribe la soledad
y la lee el silencio.

Toscas lágrimas rompen
los párpados,
la literatura sutura
heridas incurables.

Al menos no estoy solo,
me acompaña esta desesperación,
esta debilidad, esta humanidad.
¿quién me condenó con esta alma?

Tomar este lápiz,
apuñalar la vida
y esperar la muerte sin retorno
de aves marchitas.
Encontrar libertad;
la que se diluye en
la mesa de los libros olvidados.

Miedo

(Para leer a la hora del lobo)

Una gota de sangre en el dedo,
se ahoga tristemente en la soledad,
en la piel mientras el vello
se eriza de terror
de las voces de los perros
que anuncian las ánimas
que vagan fuera de nuestras casas,
rondando la carroña de nuestro cuerpo.

Y Corremos por toda la casa buscando
con un miedo indescriptible,
acosando cada poro de nuestro cuerpo
y tiemblan las extremidades sin control,
espantosa sensación ultratumba,
entra el espanto. ¡Desesperación!

Aturdidos buscamos de dónde sale
ese helado aire que nos respira la nuca,
un aire como cementerio.

Y cobran vida todas las estatuas
de miedo que hemos construido
dentro de nosotros.
Películas de horror
se proyectan en nuestros temerosos ojos
evitando mirar la cosa por la ventanA.

El espantoso rostro que se asoma

por la ventana es
nuestra propia imagen,
y nos damos cuenta de que la sangre
se coagula en nuestra fría y tiesa piel...

El Jugo Psí-trico de una vida

"Soy un desastre, pero sé que el cambio viene,
se siente en el aire, en esta inercia de las calles,
en esta pereza de ser siempre iguales,
en esta necesidad de romper las estructuras
para que haya un acomodo sincero,
acorde con la demanda que contiene la vida"
-Carmen Naranjo[15]

Yo no sé pronosticar el cambio aquí donde se pierde el aliento en voz alta precisamente para matar recitales pretensiosos, quizá un cuento anti-poetizado de la gran madre hibrida poesía para un ensayo no acabado de *Mrs. Dirt Parade,* pues perdí la cabeza en la angustia de sus pies. Cuando marco mis rumbos, ella cambia las direcciones, las señales, entonces caigo en pendientes de incertidumbre compleja, etérea del viento, del aire. Escupo en el tiempo, recurro a lo atemporal, al trastiempo metatiempo destiempo donde el Poeta convierte fantasías en realidad, pues para éste la fantasía es realidad, la fantasía no existe, la realidad no existe, la Poesía no existe, es nada, su nada, una nada que dice, nada es un silencio simbolizado en contemplaciones de las realidades de la nada, pero ella siempre se pasea entre mis libros, de todas las nadas, ella es la menos nada, esta mujer aparece en una página o en todas con un cigarrillo según el frío o el calor, sin ropa, sin nada, con nada, a veces salta de página a otra de un discurso del absurdo, siempre está aunque parezca que no esté. Constantemente encuentro, a veces en desencuentros, sus papelitos con sus frases ridículas en los rincones más metafóricos, misteriosos, invisibles de mi casa, que ahora es casa, antes refugio de un topo canalla, luego escondite suicida de un escritor fracasado, después un silente cementerio para un ánima en pena, ahora es casa llena, llena de pieles caras. La veo detrás de las cortinas de silencio empolvado de mi casa, cartón mojado, me está mirando sin que yo la mire, me está admirando aunque yo me vea en un espejo para no ver más que un túnel vacío, ella se acuesta con la halitosis de su boca, de su entrepierna, arruga mis sábanas, desacomoda mis historias, yo me voy a leer un libro, dejo de leerla mientras ella escribe cuentos en mi cama, camina silenciosa adormecida, como un gatito sin cascabel, me cuenta historias, me río, me cuenta chistes, los analizo como historias, esos chistes tan poéticos que se mofan de los poetas que parecen un chiste, comprendo que siempre la he entendido al revés, tengo una dislexia en la pupila, también en la tinta, en la pluma, pero el papel revela/rebela más que un buen psicoanalista, quizá todo es síntoma de que necesito un psiquiatra de pastillas mágicas, un psicoanalista sin falo, una feminista sin clítoris, un dios sin vírgenes, pero yo sólo prefiero un libro, un café, un cigarrillo, porque me libera, me despierta, me hace fugaz mientras poetizo, porque filosofar me hace sentir viejo, arrugado, aplastado, como una cucaracha entre libros, ella sigue paseándose, su sensibilidad muerta, su espíritu enfermo, desordenando, reacomodando, destruyendo, deconstruyendo, me paro firme en esos pilares pero son muy agudos para un alma tan hermética, me desbalanceo, caigo, caigo muy bajo con todas las sábanas blancas que yo había doblado, colocado, ella sigue ahí escribiendo historias cómicas, comedias históricas, ella está haciendo historia y se ríe de foucault en mi cara con sus ojos de ternura tan dulces, veo más poesía en ese par de pupilas centelleantes que en mis cotidianos prosaicos versos, con la lírica de su rostro, las raíces tiernas de sus piernas, ella sigue paseándose tranquilamente mientras yo voy ordenando, pero ella gana terreno, ella sí conoció el arte de la guerra, lo reescribió, el arte de la deconstrucción, del amor, ella sigue andando entre mis libros, destruye lo indestructible, construye, nombra lo innombrable, cura, ella sigue andando, entonces sé que existo, para entonces el café ya está frío, ella es maestra de los colores pero su *alumnus* es daltónico por incompetencia de la contemplación o por miopía del alma, o simplemente por el absurdo, el daltónico que pinta arcoíris en cuerpos muertos, distantes, quizá inexistentes, ignotos, como una figura detrás de una ventana de un poeta, al límite o un no-reflejo detrás del espejo, ella es una obra de arte, él un solitario ciego-sordomudo, ella es el fuego, él, el cigarrillo de tabaco barato, él el café rancio, ella es el azúcar fino, él, la biblia ella, dios, hay que matar al autor, declaraba un viejo extraño, amigo, con éste amigo se poetiza sobre el arte, se musicaliza la literatura para luego vomitar sangre y con un poco de realidad volver al vomito, ella se acostó con la grotesca mala literatura, siguió revolcándose con el renacuajo del leteo, pero él, con algunas comunes ordinarias aburridas, lo peor de todo, normales, porque lo normal, la norma, como la academia, que me parece tan normal, es mala, eso me enseñó la universidad, él, la estructura, ella, la literatura, él, la ingenua tonta insensible academia, ella, las verdades, él, la cabeza, ella, los pies, así se aprende a pensar con los pies, a caminar con la cabeza, para empezar a sentir con el cuerpo, él, el edificio, ella, la dinamita, él, el dogma, ella, la crítica, hay que resucitar de la cruz, la Destrucción en el arte, la deconstrucción como creadora del arte apuñalando la solemne ciencia. Yo comprendo que siempre me equivoqué con ella, ya no, él barrado para que ella, niña, mujer, le cambie el símbolo a mi deplorable, inconstante, irremediable, absurda Realidad…

Al ego de un poeta

"Hombre dios llegaste solo de infinitudes asombrofantasmales ornado
de lágrimas de superioridad vergonzante."
-Pizarnik[16]

Mis halagos
están en el silencio,
en la derrota de mis palabras,
en la sombra de este lápiz
que hace trazos sobre el papel.

Admito la soledad de mi esencia,
De un poeta al filo del peligro
de esas mañanas sin amaneceres.

Siento oscuridad,
me acaricia lo efímero,
me abandonan muchas nostalgias,
me cubren otras miles pieles
de un amanecer donde no sale el sol,
donde un pequeño gato araña
mis melancolías
para morir.

Me revuelco en las pesadillas
de un anochecer
para soñar con un despertar
donde respiro el polvo sucio
de unas vidas en palabra,
mito de mundos oscuros
pasando como escenas

de una cinta de cinematográfica
buscando dónde descansar
las piernas rotas y cansadas,
pequeños suspiros,
recuerdos de otrora.

Ora dejar ir tu voz
que me persigue
como la sombra
de un oscuro ojo acusador.

Es volver el rostro
a un retrato femenino
detrás de un cristal
de fantasías encubridoras.

Pesadilla

A mí mismo

Ay de ti poeta trasvestido escuálido del límite!
que ni en tus sueños
hallarás paz,
tendrás que ver a tu madre despedazada
en horribles trozos de carne,
en tus patéticos mundos oníricos.

No podrás ser más que un contemplador
de la macabra escena,
con toda la impotencia
de tus entrañas
paralizadas en el terror
de tu patética existencia.
Desearás ser un bendito
pero Dios no te complacerá
en tus cobardes deseos.

Los trozos de carne congelada
de tu madre destrozada
te perseguirán en tus noches,
recordándote que sólo somos
comida de gusanos.

Y los sueños serán tu infierno,
no habrá paz
pues tú y yo

Fuegos de insatisfacción

somos trozos de las piernas
de nuestra madre.

Vate barrado

<<¿Qué es esta muerte que me susurra al oído?>>,
se escuchó decir así mismo el poeta.
<<Literatura de Infames escindidos>>,
le respondió con cierto desprecio la Francesa.

(Conversación en la mitad del más allá y de aquí)
El miedo que se mezcla turbio
con las lágrimas tan secas
del caluroso medio-día de las despedidas
y la desesperación que invade consciente
de tanta vida lo correcto..

"Lo correcto",
esa expresión suena tan incorrecta
en este éxtasis que no soporto,
mi bohemia.
<<¿Aquí quién se llama María>>
(Silencio)

<<¿Qué hay que hacer?>>
<<Tanta vida y no sabes...>>

Que desperdicio de años asmáticos,
qué tonta mi voluntad
que se separa de ti.
Ahora siento el grave silencio

de una soledad
en estas brazas del éxtasis que sólo se extingue
para volver a atacar con más violencia.

Mi urgencia era el silencio
que ahora es mi derrota
en esta celda insoportable.

Mi cuerpo
acalorado y cansado,
débil y fácil al infarto,
muere con más fuerza
en esas vidas de desmesura.

Y el cuerpo
en vana imagen se deshace.

<<Roberto, Roberto>>,
repetía con desesperación.
<<¿por qué no te encuentro en este mar negro
de tu universidad desconocida?>>.

Todas las sillas están
vacías a mi alrededor,
ya no veo la nada que se pasea desnuda,
sólo siento el valor absoluto
de una soledad barrada.

¿Cómo voy a seguir muriendo ahora hasta el infinito?
¿Cómo es que vine al mundo?
¿cómo me iré?
¿cómo ver?
¿cómo?

REFERENCIAS

1.Naranjo, Carmen/Memorias de un hombre palabra/ EUCR(Segunda Edicion)/1987/Pág.10.

2.Productor: Boutang, Pierre-André/ El abecedario de Gilles Deleuze/EUNED/1996/Tomado de: https://www.youtube.com/watch?v=wxIqWlrVdBc&list=PL3KuoFA-Fw68mZ9Qb_LtzjStwLxaIEC7DJ

3.Urbano, Victoria/Los nueve círculos/UNED/2012/ Pág.42.

4.Naranjo, Carmen/En partes/ Farben grupo editorial Norma/1994/Pág.44.

5.Pizarnik, Alejandra/ Poesía completa 1955-1972/ Lumen/ Pág.13.

6.Odio, Eunice/Obras Completas/Editorial UCR y Editorial UNA/Pág.37.

7. Bolaño, Roberto/La universidad desconocida(Primera Edición)/Editorial Anagrama y herederos de Roberto Bolaño/Pág.8.

8.de Vallbona, Rima/Noche en Vela/Editorial Costa Rica/ Pág.154.

9.Bolaño, Roberto/La universidad desconocida(Primera Edición)/Editorial Anagrama y herederos de Roberto Bolaño/ Pág.16.

10.Oreamuno, Yolanda/A lo largo del corto camino/Editorial Costa Rica (Primera Edición)/Pág.185.

11.Oreamuno, Yolanda/Valle alto/Editorial Costa Rica/ Pág.35.

12.Pizarnik, Alejandra/ Poesía completa 1955-1972/ Lumen/ Pág.109.

13. Odio, Eunice/Obras Completas/Editorial UCR y Editorial UNA/Pág.143.

14. Pizarnik, Alejandra/ Poesía completa 1955-1972/ Lumen/ Pág.45.

15.Naranjo, Carmen/Diario de una multitud/ Editorial Universidad de Centroámerica-EDUCA(Segunda Edición)/ Pág.40.

16. Pizarnik, Alejandra/ Poesía completa 1955-1972/ Lumen/ Pág.20.

17. Pizarnik, Alejandra/ Poesía completa 1955-1972/ Lumen/ Pág.23.

Editorial Eva se desvive por su comunidad lectora, por lo que estaremos a la espera de tus comentarios, sugerencias, entre otros.

email: editorialevapap@gmail.com

Editorial Eva
Las hermanas Argueta
(L.H.A.)
Heredia,

Costa Rica.